VISTA
PUBLISHING

VISTA
PUBLISHING

恭請王吉隆大師雅正

佛茶禪香

【謝明輝詩集】

謝明輝 著

明輝
2020.5.5 台北花園酒店

目次

輯二 芝麻開門

目次

目次

輯四——緣起緣滅

輯五——鼓浪嶼的琴聲

目次

■推薦序

天空有雲——讀謝明輝詩集《佛茶禪香》

蘇進强（前文化總會祕書長，知名作家）

我的好友，台灣競爭力論壇學會執行長、中國評論通訊社特約作家謝明輝，身材魁梧、個性耿直、學識淵博，曾是一位優秀的警官，也有許多論著，也曾熱心參與許多政治活動，尤其對民意、民調的掌握，更有其獨到之處，不亞於許多政治學者，儘管如此，他最喜愛的，卻是古典詩詞和現代詩的創作，在兩岸許多古典詩詞創作平台都有作品頻繁發表，受到許多同好的好評，如今其現代詩集《佛茶禪香》也將結集出版，為創作生涯再添一筆，值得慶賀。

中國是一個詩的民族，從詩經、楚辭、漢賦、唐詩、宋詞、元曲，以致民國之後的現代詩（新詩），都有無數膾炙人口的傳世之作，生活期間，久受薰陶，每個人多少都能吟詠幾句詩詞名句，至於現代詩的創作，也是名家輩出，新秀爭妍，一片欣欣向榮的景象。謝明輝作為一位詩詞愛好者，雖非科班出身，卻用功極深，對於古典詩詞努力創作之餘，也對現代詩卓有經營，累積多時，乃有這本《佛茶禪香》的問世。

綜觀《佛茶禪香》詩集，書名即見不凡，佛、茶、禪、香四個字，佛是覺悟，茶是至清之味，禪是淨慮、思惟修，香是芬馥，分開來看，每個字都是可以單獨成書的分量，四個字的結合，更可以產生厚實的化學作用，讓人產生一股超越解脫的感覺。誠如六祖慧能大師所說：「佛法在世間，不離世間覺。」佛法既不離世間，《佛茶禪香》詩集的每一首詩也是在世間，所有佛法不離世間法，所有世間法都是佛法，所有人間世情的詩，都是佛詩。

以這樣的觀點來看《佛茶禪香》，特別有味道，特別值得品味。就以全書破題的第一首詩〈天空有雲〉來看，就充滿了佛法意趣：

天空有雲
上蒼賜給地球
賜給人類最佳的禮物

天空有雲
所以千變萬化
炫麗而多彩

天空有雲
所以降下甘霖
大地枯木逢春
天空有雲
所以躲避烈陽
高照炙熱逼人

天空有雲
所以虛無飄渺
群巒盡成仙山

佛法講的是「真空妙有」，簡單的說，真空而能生萬法，妙有而一切皆如。天是空的，因緣合和，便生出萬事萬物，這就是有，而萬事萬物都不是永恆不變的，是無自性的，所以是空。謝明輝這首〈天空有雲〉，每一段都不斷強調「天空有雲」，因為真空，所以萬有，所以千變萬化、炫麗多彩；因為天空有雲，所以能夠降下甘霖，令大地枯木逢春。最後一段說，「天空有雲／所以虛無飄渺／群巒盡成仙山」，天是空的，所以是無自性的存在，人世間也是空的，不必妄求功名利祿。因為是真空，由真空生出妙有，「隨其心淨，則佛土淨。」故而謝明輝說「群巒盡成仙山」。這第一首詩，深度表達了謝明輝對於佛法的體認，讓整本詩集有了強而有力的支柱。

有了〈天空有雲〉這首「真空妙有」的定海神針之後，再看整本詩集的其他詩作，便有了不同的觀點，所有的山河大地都是「地水火風」四大所成，所有的喜怒哀樂都是「利衰苦樂稱譏毀譽」八風所動。就如〈邂逅〉講的是一種緣份的合和，〈匆匆〉是說時間的流轉不羈，〈母親的畫〉和〈父親節〉，是對今生父母的感恩。而〈思念〉是情執，是煩惱，最終是超越的「來得自然／去也自在」；〈愛在水雲煙〉中，愛是煩惱的同義詞，世俗之愛讓人魂牽夢縈，憂悲苦惱，解脫之人則能夠得到真愛，讓這份愛「飛進你的世界／走進你的心靈」。

詩，是最貼近禪的文學形式，許多禪師的開悟偈、臨終偈，都是以詩的形式存在。〈詩人〉寫的雖然是世間文學中的詩的追索，其實也是出世間慕道的修行人，追求那「境深意遠詞優／韻美靈空禪動」的境界，是一個戀慕解脫自在的夢想家。〈思想起〉寫的是陳達的地方民謠，是對唐山過台那些人對原鄉的戀慕情懷，但如華嚴經所云，一切眾生具有如來智慧德相，以妄想執著，而不證得。〈思想起〉何妨看作是眾生對那如來智慧德相的自性故鄉的一種思念，那就是一種憶佛念佛、如子念母的修行。〈路〉則是我等輪迴三惡道求出無期，像盲龜浮木一般的心路歷程，但是「條條道路通羅馬」，八萬四千法門都可以成佛，那就是八萬四千條成佛之路。

謝明輝讀萬卷書，行萬里路，出入古今，筆落虛實。在行腳雲遊之間寫下一首又一首的詩作，或有心，或無意，卻都直接間接暗合佛法，讀者或許不必硬將詩句作經文，只要在文行句止之間稍有所悟，便將斗室當道場，人生作旅程，在《佛茶禪香》的優游涵詠之中，得一片刻的心靈淨土，也就值得了。

在《佛茶禪香》出版之前，寥贅數語，是為序。

推薦序

佛茶禪香序

莊淇銘（台北教育大學數位科技設計學系教授）

有幸曾為明輝兄的大著《詩韻中華詩集》寫序，書中詩文兩百餘首，每一首拜讀後，都覺得回味無窮。沒想到，才過一年多，文思泉湧的明輝兄，又完成新著《佛茶禪香》。明輝兄的才氣讓我想到蘇軾「吾文如萬斛泉源，不擇地皆可出」。全書匯集八十五首詩，首首精彩，內容涵蓋人生各個層面。

《佛茶禪香》的書名就感受到佛心與禪機。本以為全書都在談佛與禪，品讀每一章節之後，發現「佛茶禪香」只是詩集的整體意境，故書封面有副標「謝明輝詩集」。有如「泰戈爾詩集」包含了許多集：園丁集、漂鳥集、新月集與吉檀迦利集等，分別詩寫人生不同的歷程與境界。《佛茶禪香》內容則分別是輯一「最想念的季節」、輯二「芝麻開門」、輯三「風鈴木等你當新娘」、輯四「緣起緣滅」、輯五「鼓浪嶼的琴聲」及輯六「我思故我在」。每一輯都有獨特的風格，道盡人世間的各種詩意與情懷！

輯一「最想念的季節」中這首〈盛世中華〉，限於篇幅節錄部分詩句：「盛世中華，春秋文風鼎盛，諸子百家著書立論，為文明奠基。秦漢統一天下，開疆闢土。……隋唐萬國來儀，大唐盛世四海歸心。千年後的世界，唐城唐人街遍布天下……」

明輝兄好一句「諸子百家著書立論，為文明奠基。」歷史學家將世界歷史上重大的原創文明排序，前四大分別是巴比倫文明，埃及文明，印度文明及中華文明。然而，巴比倫文明，埃及文明及印度文明幾乎都在歷史上被湮滅，只有中華文明屹立不搖！

巴比倫文明亦稱兩河文明（幼發拉底河和底格里斯河），西方稱為美索不達米亞文明。其所在就是現在的伊拉克。因為，幾千年來不斷的戰爭的摧殘，現在伊拉克人也無法了解其祖先的輝煌文明了。

埃及受歐洲文明入侵及通婚的影響，法老的後代幾乎都無跡可尋。更由於多次被外族統治，其文明也大多消失了。印度文明歷經無數次的摧毀，歷史留下來的文明史蹟已微之又微。十三世紀初，在印度教和伊斯蘭教的夾擊之下，印度佛教基本上消亡了。很難想像，現在印度的佛教是在他國留傳發揚後，而倒傳進印度。

佛教教義能傳留在歷史，主要原因之一是，玄奘到印度取經，其所著的《大唐西域記》，將佛教引進中華文明，而後，佛教在中華文明中發光發亮，甚至，發展出禪宗一派。諸子百家著書立論，最主要的顯學有二，儒家與道家。佛教進入成為另一顯學，三個顯學就稱為「儒。釋。道」。職是以觀，諸子百家為文明奠基，中華文明更為佛教文明的延續奠基。

輯五「鼓浪嶼的琴聲」中的〈石室鐘聲〉則有著佛與禪的意境。詩的前四句是「千年古剎，石室禪院，悲天憫人的道場，藥師佛佛光普照」。讀這首詩可以深刻體悟中華文明為佛教文明的延續不僅是奠基更是發揚宏大。也與《佛茶禪香》書名緊緊相扣！

為何佛茶？為何禪香？古人云茶有「三德」，一「德」是坐禪時可以提神解乏；二「德」是吃飯後可以幫助消化，讓神氣清爽，不會昏昏沉沉；三「德」是心煩意亂時可以消除雜念，讓神智清明。這三德對要求戒定慧的學佛人士來說，可說如獲至寶，也因此寺院開始大量種茶，並研發成功不少優質茶葉。歷史上就有「自古名寺出名茶」。古時寺院北邊設有兩個鼓，右邊是「法鼓」，左邊「茶鼓」，顧名思義，法鼓是要召集聽佛法，茶鼓則是喝茶。後來更在寺院中開創了「茶道」，進而東傳日本。

其次，檀香氣息雅緻深邃，聞之能安神養氣，具有清心、凝神及排除雜念等功效。是以，禪香也自然成為學佛者坐禪時，身旁不可或缺之上品。走筆至此，各位看倌應該了解，「佛茶」與「禪香」是在中華文明中孕運出的佛教新文明。明輝兄《佛茶禪香》的大著，僅書名就令人深覺雋永深邃，書中每一首詩，細細品嘗之後，宛如飲絕佳好茶，品一流禪香，令人回甘回味無窮！

推薦序

雲横秦嶺家何在

黃富源（前中央警察大學學務長與教務長）

認識明輝已經超過四十年，四十年來明輝從未停筆寫作，而且越寫越勤：內容越寫越廣，反思越寫越深邃，從個人感觸到家國深情，從山河景物到胸懷寰宇，近年來更昇華到性靈佛道，日進尺功，令人佩服！

曾於上一本明輝的詩集上贅序道「……曾經膾炙人口的詩，都沒有出現在他這次的詩文集裡，或許是出版急切，只能割愛，但是確實可惜，僅於文期待明輝能夠繼續出版作品，……」，今天他終於出版了第二本詩集《佛茶禪香》

詩集。

《佛茶禪香》詩集，基本上是一本以詩為主的文集，佐以清茶，讀了詩集，細細品味明輝的詩，才深深體會到古人方家所謂的「詩以言志」，「詩為心聲」的道理，明裏佛禪為皮相，作者那股激越清揚的熱血之情，卻是無法掩藏的；千年鼓浪嶼的濤聲，延平郡王的塑像，從寶島看故鄉，換成了從神州看寶島，人事已非，浪花淘盡，「從這頭到那頭」，思念已經不是一枚小小的郵票所能承載，明輝用最凝鍊的詩，表達了他珍藏的歷史深情！

少年英俊，大學時代，除了專注警學之外，這本詩集蒐羅了明輝最逸興遄飛的作品，較之他之後的作品，或略有粗獷，但卻最無牽絆，無所雕琢，最豪放縱情的年齡，此一階段，青春作伴，支援警大的詩歌朗誦隊，明輝的詩歌充滿了家國感情，並且特別合節符奏，由團隊朗誦起來，鏗鏘有力，最具聲韻之美；藉著這本詩集，讓人回味無窮，恍若又回到警歌繞樑的舊夢飛煙中；纖細的情感伴隨著情竇初開的青澀，情詩韻事，繁花盛開，讓我們也能一睹這位掃黑鐵漢溫婉柔情的一面。試著夜裡讀誦這些篇章，完全不同於氣勢澎湃，扣人心弦的團體朗誦，輕聲細語，似水漫訴更是動人！

耳順之齡已過，從心所欲之年未至，明輝的詩越顯成熟老練，但是初衷不變，依舊愛家愛國愛人，依舊喜風喜雨喜讀書，驀然回首，燈火闌珊處總見他苦心孤詣經營自我，近來學佛，是否明心見性，重見廬山煙雨和浙江海潮，人生或許不能盡如人意，但是從詩集當中，我體會到明輝圓熟積極的人生態度，敢是聽雨三折，已無生罣礙！

從我的角度看明輝，他不停追求卓越的一生，就是不斷尋覓原鄉的路程，在心理上，追求夢裡的故鄉，在感情上，追求人倫的故鄉，在理智上追求現實的故鄉，詩風的變化，也以此為經，以時代為緯，交織出他的生命，我相信直到地老天荒，明輝也不會停止他尋覓奮鬥的腳步，追訪他夢裡的桃花源，心靈上終極歸宿的家！「雲橫秦嶺家何在，雪擁藍關馬不前」，似乎也能形容明輝這種無悔執著的心境，這種精神，相信也將督促著他不斷地寫下去，繼續不斷地尋覓他所有的故鄉！

作者序

佛在天鄉，
赦罪捨方。
渡芳身捨，
佛茶禪香。

西天無憂，
梵境神遊。
心誠無我，
香禪茶佛。

我第一本詩集名為《詩韻中華》，是綜合性詩集，用唐詩、宋詞、現代詩、俳句，還有自創的新體詩所組合而成的，詩體性古今並存較為複雜，雖豐富而多彩，但却無法體現現今社會主流現代詩，單體詩之純美，且易古今不分，混淆不清。故本詩集採單純化，乃採現代詩的詩體所寫成，分六大體性，共八十五首，取名為《佛茶禪香》。

「佛茶禪香」是我在一九九三年在新北市當警察副分局長時所創，當時我並請律師去註冊申請專利。「佛茶禪香」顧名思義，禮佛、敬佛要用最美味的茗茶供奉，體現心誠，而在打禪坐禪所散發出來的氣息，是最高貴最聖潔的，會散發香氣的。意指你怎麼栽，就會有什麼的收穫，沒有不勞而獲，體現因果關係。而「佛茶禪香」倒讀成「香禪茶佛」，其意正好相反，體現果因關係，想要有好的收穫就先怎麼栽。完美的打禪成果，是先信佛禮佛敬佛而來，不生罣礙之心，方能證大道，與基督耶穌的「信我者得永生」，有異曲同工之妙。

《佛茶禪香》全書共分六大章節：第一是「最想念的季節」，收錄十四首，思念是主軸，有親情，有愛情，有友情，有家國，更有天地。情懷幽幽，匆匆之間，忽已流逝，恰似流星；第二是「芝蔴開門」，收錄十二首，從走在秋天開始，鄉愁便濃濃的化不開，從翠微到暮秋，從新月橋到開漳情，飲水思源，鄉愁如影隨形，每逢清明便倍思親；第三是「花旗木等著妳當新娘」，收錄十八首，從松竹梅到新月荷韻，鳳凰花開，百花之美，爭奇鬥艷，春神降臨，花旗木下，黃金大道，眾多新娘拍照，好一幅人間春色；第四是「緣起緣滅」，收錄十首。黑與白，對比性強，羅空靈動，好一個刀郎，捲起千堆雪，遮蔽寰宇星空，羅利海市，前不見古人，後無來者，緣起緣滅的剎那宇宙；第五是「鼓浪嶼的濤聲」，收錄二十首，中國的名山勝水，古今名城，小吃美食，視覺饗宴，讓人流連忘返，從大唐到現代，從漳州古城到新北三峽老街，舌尖上的味道，永不消失，厦門鼓浪嶼的濤聲，石室鐘聲，也千年不絕；第六是「我思故我在」，收錄十一首，紀錄著我在中警文青歲月的詩作，年少輕狂的日子，青澀無比，但飛馳在無邊的思域，却暢快淋漓，我思故我在，我更加珍惜。

六個篇章對人事時地物的描寫，各有不同的層次思維，但在本質上平易近人基本相同，詩本身有靈魂，詩的意涵及靈性，或許每個詩人體會，各有不同，但最基本要讓人看得懂，而心領神會，故平易近人朗朗上口，為詩人寫詩第一要務。詩歌之美基本首重詞優韻美，再來便要意深境遠，更深層次便進入靈空禪動。

詞優韻美便是要詩中有畫，意深境遠則為畫中有詩，靈空禪動體現玄哲精妙，玄中有哲，哲中有玄，妙不可言。言情時情真意切，你濃我濃，纏綿悱惻。言志時波濤洶湧，波瀾壯闊，引起回響。言物時，雄奇俊秀，意深境遠，回味無窮。

本詩集之完成，我非常感謝三位幫我寫序的文化界的菁英，第一位是筆名「履彊」的蘇進強前主席，他在陸軍部隊服務時，不只當過國軍莒光連隊長，也曾經連續得到七屆國軍文藝獎，此外，尚有中國時報文學獎、聯合報小說獎、吳濁流文學獎和中國文藝獎章，得獎種類已不及備載，可說是一位資深的知名作家，他退伍後，也曾擔任文化總會的秘書長及其它黨政職務，但文學却仍是他的最愛，因此我們常常「以文會友」，在談文論藝之餘，也關心政經社會議題，無話不談，他知道我近年沈迷各類詩詞創作，鼓勵我結集出版，更引薦在出版界頗富盛名的遠景出版社發行人葉麗晴女士幫我出版這本詩集；第二位便是擔任過三所大學校長的莊淇銘教授，他是一位口才幽默，出口成章，詩詞信手拈來的學者；第三位是亦師亦友的銘傳社科院院長黃富源教授，他在我警大時便指導我創作詩歌及參加朗頌，是我的啓蒙恩師。

此外，我還要感謝遠景出版的編輯吳建衛先生，他受葉發行人之命，負責幫這本詩集編輯、出版、發行，甚至規劃行銷，申請參加獎項等，盡心盡力，令我感佩；最後，我當然必須感謝我至親至愛的賢內助蔡玉盞，他不只照顧我，鼓勵我創作，詩集出版前，還做了大量校對的後勤工作。總之，這本詩集得以順利出版，讓我內心滿滿的感謝，除了上述各位好友至親的協助外，更盼望讀者們和我共飲、共享「佛茶禪香」。

謝明輝

輯一

最想念的季節

天空有雲

天空有雲
上蒼賜給地球
賜給人類最佳的禮物
天空有雲
所以千變萬化
炫麗而多彩
天空有雲

所以降下甘霖
大地枯木逢春

天空有雲
所以躲避烈陽高照
炙熱逼人

天空有雲
所以虛無飄渺
群巒盡成仙山

最想念的季節

金秋十月
是最想念的季節
金秋十月長假
在國慶的歡笑中度過

張燈結彩
旗海飄揚
好一幅盛世年年盛況

盛世中華
春秋文風鼎盛
諸子百家著書立論
為文明奠基

秦漢一統天下
開疆闢土
犯我大漢雖遠必誅
建立泱泱大國之天威

隋唐萬國來儀
大唐盛世四海歸心
千年後的世界
唐城唐人街遍佈天下

匈奴西遁
成吉思汗三次西征
我中華蒙古
震動歐洲威震天下

黃禍成了上帝之鞭的代名詞
大明朝
鄭和七次下西洋
航海技術造船工藝
足比西方哥倫布發現新大陸
先進更提早五十年

大中華，

漢滿蒙回藏苗
五十六民族共和所組成
雄立東亞五千年

金秋十月
國慶是最想念的季節

邂逅

有一種見面
在不經意之間
有一種緣份
在巧遇發生

邂逅是一種彩色
邂逅是一種驚奇
邂逅是一種解藥

擺脱寂寞
擺脱無聊
擺脱灰色

單調的生活
邂逅是一種潤滑劑
單身的男女
邂逅是一種美夢

邂逅是開始
不是結束
邂逅是希望
不是絕望

相逢一笑
愛總是在那偶遇之間
悄悄發生

匆匆

時間之輪
在生命之間
悄然轉動
一刻不停
前一刻剛出生
後一刻行將就木
中間是那麼短暫
留下遺憾
來之時光溜溜

去之時 一身孑然
怎麼來就怎麼去
倒也了然

時間叫匆匆
從來冷酷無情
但却很公平
達官貴人
販夫走卒
一律平等

母親的畫

母親的畫
永遠是母親的人生觀
活潑樂觀進取

母親的畫
永遠展示正能量
線條清晰顏色鮮明

母親的畫

永遠是生氣盎然
色彩艷麗朝氣蓬勃

母親的畫
是永遠母親的話
九十歲了
還年輕不算老

看了母親的畫
心底暗喜
媽媽身心健康
絕對長命百歲
活出精彩

父親節

在兒孫滿堂的舊社會
父親便是權威
三代同堂夫唱婦隨
家的結構不曾崩潰
現今少子化社會
父親已無昔日權威

兒女分散南北
一年回家難得幾回

兒孫個個是寶貝
視訊整天接
不覺累

跟父親來個約會
一年只有父親節
兄弟姐妹
兒女奔回
孝心最可貴
父親節
父親請稍歇
好好過節
〈父親節快樂〉聲音好美！好美！

思念

思念
是淡淡的哀愁
在月下
在夢裡
似雲非雲
似霧非霧
在不經意間
冉冉升起

忽隱忽現
時而像濃霧
時而像薄紗
來得自然
去也自在

流星

南風輕拂
流星劃空
靈魂至高無上的享受
淒艷而短暫的光芒
是精神的海洛英
令人莫名的亢奮

是靜止與永恆
在偶遇的時空交會

淚水會奔騰而出
像洪水一樣咆哮
它的熱情燙傷了我
在深邃與黑暗之間
它離去的背影
我難掩幾分落寞
那時我會格外的眼紅

愛在水雲煙

當一隻的蝴蝶
從遠方輕輕的飛來
美麗的倩影
由遠而近
由模糊到清晰
由一點到整體
飛近了你身旁
走進你的視野

美麗的蝴蝶
婀娜多姿
輕巧的身影
披著薄薄的蝶衣
曼妙的舞姿
動人心魂

精巧的蝶衣
泛發著五光十色
超級吸睛
綺麗而多彩
蝴蝶的世界
到處有醉人的花香
暗香浮動

翩翩起舞
曼妙的舞姿
蝶不醉人人自醉

迷人的身影
精巧的蝶衣
曼妙的舞姿
就這樣無聲無息的
飛進　你的世界
走進　你的心靈

我在古城等你

古城
平遙老街上
古風古韻

古老的建築
濃濃的中國風
處處飄散

滿街都是

令人流連忘返
最令人難忘的是
五步一家酒吧
炫麗的光影
柔美的歌聲
吸引著遊客的駐足

酒吧門前
柔美的歌聲中
首首動聽

字字句句
依稀呼喚
我在平遙古城等你

詩人

他是化妝師
美的代言者

他是織夢師
夢幻的追尋者

上窮碧落
他是宇宙深空的尋幽者
下黃泉
他是人生哲學的探索者

春有百花秋有月
夏有涼風冬有雪
從實境到意境
他是互聯網工程師

春江花月夜
江山萬里圖
夢幻組合
他是物聯網設計師

琵琶行
音樂在詩詞中跳動
節奏在平仄中飄舞
他是美聲的追求者

境深意遠詞優
韻美靈空禪動

他是天生的哲學家
不管是哲學家
或是夢想家

不管是追尋者
或是探索者
不管是化妝師
或是設計師

詩人
人生的夢想家

思想起

濃濃的鄉愁
抹不掉
歲月在我的臉上刻畫的相思
滄桑的曲調
唱不完
對故鄉的思念
我的親人還留在故鄉

我却流浪到他鄉
恆春的月啊
你可知我最想去何方

月琴彈奏的鄉音
響在恆春的古城
開荒的人啊
停下了脚步
佇立聆聽
眼淚流了下來
魂縈夢繫
刻骨銘心的相思

思想起

唐山客
過台灣
陳達的歌聲
在恆春是恆春
是一首難忘的民謠
是一段永恆的回憶

路

流浪的我
長長似蠶絲
短短像茄子
走不完的是蛛網

終點很遙遠
不知在何方
我隨盤古開天而來
卻不知隨誰而去
直到地球逝去

巴黎我去過
萬里長城我走過
錢塘江我跨過
騰格里沙漠我穿過
青康藏高原我爬過
喜瑪拉雅山我穿山而過

但下一站
我不知道
是在月球
或是上火星
但我知道
條條道路通羅馬
下一站就到你家門口

靜夜之弦

月光下
靜夜之弦悄悄拉動
蟋蟀高昂的鳴聲
組合成天籟之歌
奏響月光圓舞曲
是最佳的迴響　共鳴
露珠謳歌月光的清涼
直到清晨

叫醒尚在沉睡的日出
夜像一罈老酒
越陳越香
更像一首老歌
越聽越有味
千古來
不知有多少騷人墨客
不斷的歌頌吟詠

清風徐徐
夜涼如水
一座座跨越河水兩岸的觀景橋
擠滿了人群
橋被炫光打扮得

像星光一樣燦爛
五光十色
十分吸睛

夜靜了
月冷了
晨曦醒了
躲在月光裡的樹
正期待一場朝雨
沐浴新晨
我是觀夜樓的主人
眺望月光朝陽攜手
走向明天

輯二

芝麻開門

走在秋天

從立秋算起
走入秋天
處暑白露秋分寒露
紛紛走過
來到暮秋的霜降
秋快要遠離
寒冬將要降臨
感謝中國老黃曆
廿四節氣

讓人可一日知秋

但不靠老黃曆
便要一葉知秋
觀察入微
古人山中無歲月
春夏秋冬
四季恆常
一葉知秋便是先知者

春江水暖鴨先知
寒梅一枝報春曉
一葉知秋先知者
便是停車坐愛楓林晚的詩人

秋深了
走在秋天中
一葉知秋是體感溫度

芝麻開門

阿里巴巴與四十大盜
藏寶洞芝麻開門
無數珍寶讓人驚喜
誰都想一夜致富

我回故鄉老家台南西港
一路看去一片白色花海
哇啊！
我家鄉的芝麻花開了

蜜蜂在花海裡穿梭
尋尋覓覓
拈花惹草
田園風光美不勝收

芝麻花開
對農民來說
等於芝麻開門
無數的財富
盡藏在芝麻花開裡

芝麻可炸出芝麻油
麻油雞聞香下馬
台灣女人坐月子聖品

芝麻糖香脆可口
三五好友泡茶聊天
最佳茶品
用芝麻所開發的產品
不盡其數
財富盡在芝麻的商機裡

芝麻開門
好一片芝麻花開
我家庭院前的芝麻田花也開了
但願今年能賣個好價錢

春雨

春雨下在青山
青山的樹木哭了
眼淚掉在山坡上
染綠了樹葉
塗紅了花蕊

春雨下在蓮塘
蓮塘的魚樂歪了
眼淚留在蓮葉上

魚戲蓮葉東
魚戲蓮葉西

春雨下在禾田
禾田的稻苗笑了
眼淚掉在秧田上
長高了稻苗
樂壞了農人

春雨下在草原
草原的牧人樂了
眼淚留在馬鞭上
青翠了草場
歡笑了牛羊

春蠶

相見時難
東風無力
春蠶到死絲方盡
蠟炬成灰淚始乾
李商隱的詩句
道盡人世間
最難忘最纏綿相思之苦

流光歲月

飲食男女
相見歡，離別苦
自是人生長恨水長東
恰是一江春水向東流
男有情，女有意
一絲紅線春蠶來
刻骨銘心

李商隱的絲
蘇東坡的月
十年生死兩茫茫
不思量，自難忘

誰是情聖

誰又是情種
世間最珍貴的禮物
叫春蠶
那是一種最哀怨動人
最淒絕美絕的相思

酒

酒
人類最好的朋友

出征時鼓舞士氣
祭天時昭告天地
慶功時喜極而泣
送別時淚流滿地

萬用的酒啊！

多令人陶醉
多少風流韻事
數不勝數滔滔不絕

河西四郡的酒泉
霍去病的傑作
千古留名
讓史冊酒香四溢

曹操短歌行
對酒當歌人生幾何
唯酒可解憂
青青子衿悠悠我心
酒神杜康

讓飲者渾然忘我

豪放不羈
如詩仙李白
人生得意須盡歡
將進酒真是暢快
大暢快！

保守拘謹
如詩聖杜甫
也有恨不移封向酒泉之恨

王維送別
勸君更盡一杯酒

西出陽關無故人
不禁讓人垂淚

杜牧
借問酒家何處有
牧童遙指杏花春
至今
每逢清明雨紛紛時節
人們均朗朗上口

中秋節
大文豪蘇東坡
更把酒推向高峰
舉杯邀明月

千里共嬋娟
豪氣干雲
把酒問青天
喚醒李清照知否？知否？
濃睡不堪殘酒

英雄氣短
葡萄美酒夜光杯
欲飲琵琶馬上催
一壺濁酒喜相逢

王翰楊慎
穿越時空
相逢已在千年之後

醉臥在滾滾長江東逝水中
酒
媚力三千
讓帝王將相英雄美人販夫走卒
醉鄉夢回
酒
魔力萬種
令詩仙詞聖文人騷客丹青妙手
醉墨詩飛
酒
最佳紅娘

約會聊天休閒買醉
飲食男女最佳調情工具

酒

酒不醉人人自醉
古今多少事
都在酒罈中

清明花雨倍思親

台灣公墓
已逐漸退出歷史的舞臺
嶄新的靈骨塔
是一條前往西方極樂淨土的道路

思親的旅途
一路從大陸飛回台北
再從台北搭高鐵回台南
正好趕上清明祭祖掃墓

盛大莊嚴的西港靈骨塔
人來人往熙熙攘攘
父親四兄弟及祖父母曾祖父母
就在此一家團聚

今年清明沒有冷洌的春寒
但桃花李花櫻花杜鵑花
盛開依舊
最感人的還是杏花
觸動了我思親的心弦

我思歸的心
似寂寞的弦
在驚蟄時被悄悄的拉響

在這個季節
父親不斷在我心深處呼喚
呼喚在他鄉的兒子早歸來

今年的清明
陽光普照
沒有細雨紛紛欲斷魂的情節
但不知為何
我總想著父親中風時
我陪伴他的歲月

我最佩服最敬重
父親有一顆堅毅的心
從癱瘓在床

復健到騎殘障車趴趴走
那麼堅強那麼達觀
那麼勇於入世
活得精彩

今年的清明我無淚
人能精彩活一回
父親沒有白來
酸甜苦辣
父親懂過嚐過經歷過
此生再了無遺憾
我佇立父親塔位前
靜默追思
那一幕幕

逝去的天倫時光
是那麼的平凡
是那麼的幸福
今年的清明我無語了

勞動春風

有一種動物叫蝴蝶
她代表自由的個人美

當四月的春風吹醒了大地
桃花李花百花爭豔
油菜花田更是一片花海
蝴蝶便起舞花間追逐新妍

有一種動物叫蜜蜂

她代表合作的家族美
當四月的春風吹醒了大地
桃花李花百花爭豔
油菜花田更是一片花海
蜜蜂便振翅花中尋香採蜜
有一種動物叫螞蟻
她代表團結的國家美

當四月的春風吹醒了大地
桃花李花百花爭艷
油菜花田更是一片花海
螞蟻便穿梭花田圍園捕獵

蝴蝶為花香起舞

蜜蜂為花蜜振翅
螞蟻為花蟲高歌

是百花為了繁衍而吸引蝴蝶
亦是蝴蝶為了生存而尋找花蜜
是百花為蜜蜂而盛開
還是蜜蜂為百花而忙碌
是生存催生了螞蟻團結
亦是團結幫助了螞蟻生存
答案是水幫魚魚幫水

螞蟻是勞工最偉大的國家代言
蜜蜂是勞工最甜蜜的家族代表
蝴蝶是勞工最迷人的個人典範

這綺麗的世界
這偉大的國家
這溫馨的家庭
這美好的未來
勞動春風缺你不可

鄉愁

記憶
是隻會發光的螢火蟲
一閃一閃亮晶晶
在眼前飛舞

回憶
是隻看不見的精靈
帶著鄉愁
到處流浪

歲月是什麼
是記憶和回憶
刻畫的痕跡
像車前的景物
快速後退

我是漂泊的異鄉人
在凜烈的西風裡
尋找記憶和回憶
一晃六十年

沉澱的鄉愁
隨時升起
午夜更濃烈

恰似雲中徘徊的雨點
隨時會落下

鄉愁
每到思念的季節
會獨倚斜欄
愛眺望
遠處裊裊的炊煙

開漳情

夢迴千年
大唐盛世年代
看到開漳平亂的隊伍
為首的將軍叫陳政
騎著白馬來到了漳浦
氣宇軒昂高大威猛

固始的中原士族
隨軍蕩平叛亂

開漳的大潮來臨了
陳政的兒子叫陳玄光
繼承了大業
成了開拓者
十三歲隨父入漳
在雲霄的將軍山下
安營結寨招兵買馬
在將軍山下
下達了開漳令

在開漳的令下
士農工商
科考教化

漳州欣欣向榮
日勝一日
閩越化外之地
終於奔向文明的新世界

明清兩代
為了生存
漳州開始向外移民
奔向台灣
奔向南洋
奔向世界各地

台灣的開台先祖
以漳州為最多

從漳州的月港
駛向全台各地
台南鹽水的月津港
與漳州龍海的月港
港名對標
航班對開
漳台兩地的同名村出現
地名街名人名皆相同

現如今
台灣漳州人最多
開漳開台血脈連筋
開漳聖王廟
全台六百多座

成了台灣人最多的信仰

開漳情
開漳聖王
漳台兩地共同先祖

血濃於水
漳州雲霄將軍山下
開漳聖王廟
兩岸的河洛人
最佳的朝聖地

新月橋風光

新月橋上的燈光
五光十色
是大漢溪上的彩虹

新月橋下的荷塘
五月荷花綻放
是大漢溪畔的畫堂

新月橋的勝景

東看陽明山
北眺觀音山
西望大同山
南睹東眼山
大漢溪貫穿而過

新月橋的日出
閉月羞花
新月橋的日落
沉魚落雁
臉頰紅暈
像盛裝的女神火雲
新月橋的夜色

星輝燦爛
月光醉人
最佳戀曲一九九〇

新月橋的四季
春
百花盛開
綠草如茵
夏
南風徐徐
清涼如水
秋
秋色連波
波上含煙翠

冬
烟雨濛濛
寒風冷冽

春夏秋冬
新月橋
運動休閒賞景
始終是我最愛去處

翠微

天門已開
春神下凡
新綠在春光中格外耀眼

東風夜放
蒼蒼中的翠微
清晨漫山遍野
一株又一株
一樹又一樹

一山又一山
一嶺又一嶺
到處都透著新芽的嫩

翠微是初生嬰兒
皮膚吹彈可破

翠微是生命的氣息
純潔可愛
純潔誘人
可愛醉人
讓人都想一親芳澤

暮秋

暮秋了
霜降

北地的樹林
紛紛掛滿了霧淞
長白山已是一片銀白

黃了槭樹
紅了楓樹
還有半黃半紅的欒樹

在霧淞中
綠的黃的紅的
都披上了白色的外衣
一統層林盡染的起伏

陽光來了
層林會恢復本色
但秋色卻是加深了

葉落蕭蕭
風吹瑟瑟
雖然秋水伊人
雖然秋收歡慶
但霧淞霜降落葉深深
怎能不令人日漸感傷

輯三

風鈴木等你當新娘

七里香

小巷裡
七里香開了

香氣
從庭院圍牆裡
沁了出來
香味是那麼的誘人
我隨手摘了一朵

濃香撲鼻
才知道名符其實

七里香
小小嘴兒
讓人不禁
想要深深一吻

山茶花

山茶花
上帝之天使
一臉大理色
老少皆宜

一樹花開
從冬到春

高貴優雅大方
最是吸睛

山茶花
凌風雪
有梅花之傲骨
抗嚴寒
有松柏之勁姿

山茶花
艷若牡丹
有牡丹之美
却無牡丹之嬌貴

三月不凋
觀山之美　在形
品茶之美　在內
賞花之美　在外

山茶花之形內外
猶如人之精氣神
三者兼俱
完美風暴

水仙

花中的雅客
亭亭玉立
一身潔白
彷彿淡雅脫俗的凌波仙子

是冬之花
在冬天中綻放
與梅花茶花迎春花
並列雪中四友

在客廳中
與蘭菊菖蒲是花中四雅
淡淡幽香
盡顯高貴脫俗

花語
純潔吉祥
年年歲歲幸福安康

合歡花

合歡花
粉紅色
兩岸苦情花
守夢人
苦苦期待
一輩子相守
夜夜合扇

好夢人靜後
問世間
情是何物
那堪一輩子相許

空倚相思
不如兩兩相對
歡樂安神解憂

花不老
葉不落
夫妻樹
花開葉落
訴說恩愛傳奇

竹

翠之海
綠之洋
五大洲插向藍天的氧吧
來自蘇東坡的禮讚
千年不變
舌尖上的享受
讓人不俗

全身是寶
外型帥氣節節高
高風亮節
文人雅士最愛
竹葉飄飄處處連
江湖幫派也插手
民俗端午
更用竹葉包粽子
竹香撲鼻
表達對屈原最高的尊重

竹屋竹排魚簍雨
古人造屋捕魚遮陽擋雨

竹材成器
無處不在

竹海
風動枝搖
翠影婆娑
吸引力渾然天成

清談佳話
竹林七賢成千古韻事

行道樹

綠色長城
一棵棵
一排排
筆直插向天際

像標兵
像儀隊
注視著人來人往
車水馬龍世界

在隧道
在長廊
在人行道
綠的世界是天然氧吧

在大城
在小鎮
環肥燕瘦
應有盡有

花開花謝
爭奇鬥艷
美化市容
節能又減碳

松

風來呼呼
雪來白白
帶着弟妹竹梅招風雪

天生傲骨
任雪壓枝不低頭
詩人吟詩歌頌
畫家彩繪雅存
千年不斷

孤峰絕嶺
有松才俊奇
重巒千嶂
有松方迎客
青翠萬年
默默向天問

知否？知否？
歲寒三友
有我萬樹皆成佛

柚花開

我的家
就住在南台灣
著名麻豆文旦的村落

小時候
三五成群的童伴
便在柚子花下玩耍

柚子花

特殊而濃烈的香氣
遠遠的便聞得出來

真好聞
大家喜歡在柚木園下
尋找柚子花東聞西聞

嗶波響
柚子花開時節一種童玩
一種用竹子筷子做的槍
玩槍戰
柚子花下柚木園裡
最刺激最有趣的童玩

柚花開
香氣最是讓人回憶
嗶波響的童年最是難忘

〈註〉嗶波響製造法
將適合竹孔大小柚仔兩邊塞入，再用另邊筷子做推送器，往竹子孔洞輕輕推，空氣便將另一端的柚仔彈射而出，因而發出波的響聲射人，在柚子花開時節，最刺激最有趣的童玩。

相思樹豆

相思樹
相思豆
一種相思
兩顆樹豆

相思樹
滿是思念
花吐黃絲
身披黃絲帶

相思豆
長相思
相思生南國
相思令人愁

相思樹豆
生相思
一種相思
兩岸鄉愁

美人樹

美人刺
美麗的異木棉
全身長滿了刺
花開姹紫嫣紅

遠望
一身華麗隨風搖曳
彷彿飛天神女婆娑起舞

風姿綽約
孤絕冷傲
但天生充滿親和力
蜂蝶不請自來
煩不勝煩
揮之不去

百花
選在春天盛開
接天荷花連穹碧
在夏季
秋有桂花綻放
最驕傲是菊花
高唱我花開後百花殺

妳是寂寞的王者
選在冬天華麗登場
妳用滿樹姹紫嫣紅
告訴百花
爭艷誰是君臨天下

妳花開在冬季長達三月
用行動宣示主權
誰才是花開後時百花殺
妳的心
是寂寞的嫦娥
是受了傷的刺蝟
只許遠觀不許近看

美艷如妳
披上鎧甲全身武裝
隨時
得提防登徒子造訪
何時解放
讓人可一親芳澤
期待又期待

韭菜花田

又到了金秋九月
大漢溪畔的韭菜花
應開了滿田

白色的地毯
鋪在青翠的原野上
白茫茫恰似九月雪
輕飄飄的落滿地

往年
我一週至少一次
騎車上石門
但今年因坐骨神經痛
無法再騎單車上石門

從大漢溪上石門
沿途會經過大片的韭菜花田
從初種到收成
各有不同風味

從充滿雞屎味的菜田景觀
長成一行行
綠野仙波

隨風搖擺

看著韭菜花的成長
一茬接一茬的收成
直到最後一茬
韭菜花開的收成
韭菜花展現完美精彩一生

風鈴木等你當新娘

風鈴木
美艷的行道樹

外來草原橡樹
烈焰紅似鳳凰木
粉嫩賽過五月桐花雪

一樹櫻紅
二月風鈴木紫爆

三月的春風
獨愛南台灣

你若專車南下
來看看黃金雨
來逛逛黃金路
來吻吻黃金隧道
保你踏花歸去馬蹄香

風鈴木的花期
走過路過
千萬不要錯過
就像情人
有些事錯過了

就不會再有
美麗的錯過是遺憾的錯誤

風鈴木
已織成雪白的地毯
風鈴木
已鋪成黃金的道路
風鈴木
已蓋好紫色的天幕
一切均已就緒
就等著妳來當新娘

桐花戀

五月的雪落了
我在地上尋找六瓣的花
但我怎樣也找不著
滿地盡是五瓣的花

我往樹上一看
六瓣的花尚掛在樹梢上
一朵朵一簇簇一樹樹
粉粉的白白的

花心紅紅的帶點微黃

我聽說上帝創造桐花
不小心
把雌雄基因混在一起
因而開花時雌雄同體
五瓣的是雄花
六瓣的是雌花

當五月的花信風南風吹來
雄雌花同時花開
雌花受粉懷孕生桐子
雄花掉落
化作春泥來護雌花

我來見證桐花愛情的偉大
在桐花樹下
憑弔化作春泥的雄花
我努力尋找
為你殉情的六瓣雌花
可惜一朵也沒找到

我走了
明年再來看你
見證你一世的痴情
花開花落
留下一地的驚嘆
五月雪

梅

元亨利貞
純白聖潔吉祥如意

花開五瓣五族共和
國花象徵
雪花片片
最是踏雪尋梅時候

他是隱士
看他遺世獨立

他是君子
賞他高風亮節

凌風雪傲冰霜
追尋疏影
最是迷人是暗香

一樹梅菡
時序休止符
點點皆春意

寒梅綻放時
一年容易春又到
又老了一歲

短歌行：榕

（一）

人與榕相見歡
有最美麗的約會
有最難忘的記憶
人與榕最難分説
分不清人幫榕
亦或是榕幫人
夢裡尋它
總是輕姿盈盈迎人笑

（二）

綠色大山
東西橫斜
巍巍矗立
氣宇軒昂傲站陽光下
綠蔭是人致命吸引力
但是又何奈
此生命定
天選殺生佛

（三）

天生英才
捨我其誰

樹形雄偉高大
樹蔭綿密廣闊
氣根生成柱
板根生成欄
獨木可成林
天下唯我馬首是瞻

（四）

榕非榕
樹非樹
傳說可精彩
千年不老　成精
萬年不死　成佛

廟前的老榕
人正焚香禱告
祈願平安

（五）

人生無常
路遙馬力知
患難真情見
人的荒年知交
葉可食來避荒
根可藥來救急
人世間的活菩薩
消暑裹腹兼救命

菊花醉

在中國
你是花中四君子
梅蘭菊竹
陶淵明採菊東籬下
展現你雲淡風清的優雅

在日本
你是天皇之花
菊紋

盡顯你的雍容華貴
代表你是掌控生死的王者

在歐美
你是四大切花的美女
高貴氣質
玫瑰康乃馨劍蘭
與你並列
但你的高潔
他們無法比肩

一花一世界
在花道的世界
風姿綽約

風華絕代
你是插花藝術者的最愛

金秋十月
黃色是淡淡的愛
是蒙娜麗莎的微笑
你盡情的綻放

你是回憶聖品
香氣在思念中散開
甘味從舌根直透腦門
温暖中含著眼淚

但六月的花語

是別離的哀傷
在追思會，在佛堂
在祭壇，在墳前
白色的你
帶給人們永遠的懷念

新月荷韻

新北新月橋下
荷塘片片
每當南風的季節
漫步在新月橋上
俯視橋下的荷塘
波光蓮葉荷花
一股清涼
便徐徐的沁入心田

比巴掌大的荷花
朵朵盛開
綻放著粉紅的光芒
吸引著愛荷的攝影家
扛著笨重的大砲
捕捉荷花在風中搖曳的倩影
及在花蕊中穿梭的蜂蝶

烈日當空
人潮不減
有的路過
有的專門賞花而來
不管路過或專門而來

他們的目光
不約而同的均落在荷塘上
品賞盛放中的荷花
荷塘花香
南風助威

尤其在傍晚黃昏時刻
沐浴在夕陽柔和的餘暉中
大漢溪波光粼粼
橋影重重
在晚風中的荷花
身影婆娑
更是嬌艷可人

朵朵含苞待放的菡萏
猶如少女般的嬌羞
在翠綠的碩大荷葉呵護中
紛紛探頭而出
婷婷玉立
最是惹人憐愛

吟詩步向荷塘
吟詠荷開的神韻
最是立夏避暑聖地

鳳凰花又開

鳳凰花開
一身紅裳驚艷天際
歲月悠悠白駒過隙
這一幕幕
你看過
我見過
青春年華快樂時光

這一幕幕
你走過
我路過

驪歌初動離情心傷
這一季季
你哭過
我淚過
鳳凰花季
記憶已淡化成回憶

輯四

緣起緣滅

人行道

人行道在鄉村
與馬路融合成一體
在城市人車分離
你過你的陽關道
我走我的獨木橋

人行道樹蔭高聳
花草扶疏
體貼的設計

走累了在長板凳休息
天太熱躲進遮陽傘避一避
下雨了可在公車亭躲一躲

行人的安全
是人行道最大的考量
斑馬線地下道天橋
是最佳的聯結網絡

用磁磚來美化
兼顧盲人導引與防滑
還有單車道兼容並蓄
方便了弱勢短程出行

人行道設計
人性化美醜方便與安全
是一座城市
文明與落後的指標

耳鳴

我的腦子裡
住了一隻知了
它日也叫
夜也叫
從不知道休息

我終於知道
什麼叫自律神經失調
原來是聲音關不了

古人說美聲天籟
餘音繞樑三日不絕
我的知了
勝美聲天籟千百倍
終年不絕

我問知了累不累
可否幫幫忙
偶而暫停休息休息
知了說沒辦法
想休息也休息不了

我認了
試著與知了共存

放棄清零
只好下半生
寫詩為業
每日尋詩
忘了它的存在
讓它與詩和平共有

飛馳中的高鐵

每次搭高鐵
總喜歡靠窗
欣賞窗外的風光

高鐵的窗
擦得異常明亮
絲毫不感覺玻璃的存在

景物快速的後退
像時光倒流的感覺

我就好這一味
或許是漸步入老年的通病
時光能倒回該有多好

人生如白駒過隙
一晃眼
青山白頭
雪白的鬢髮
刻滿了歲月的印記

歲月像高鐵
不斷將我的記憶往後拋
一根根
一段段

一片片
剎時便看不見
成了回憶

飛馳中的高鐵像歲月
但高鐵總有停的時候
但歲月呢
為何過站不停

原諒

輕輕的一句話
却有千斤重
會壓得人抬不起頭來
挺不起腰

人非聖人
豈能不犯錯
錯了就得原諒
原諒成犯錯唯一解藥

大錯小錯
是非不斷
無可救藥
犯錯成了習慣
就無藥可解
原諒也不管用

錯誤的行為
會付出錯誤的代價
原諒也莫可奈何

斑馬線

一條條斜紋
是一道道保障
行的安全
你要我要人人都要

車水馬龍
十字路如虎口
一不小心生命喪

人來人往
熙熙攘攘
小心躲得死神呼喚

人行穿越道
上班時刻
行色匆匆
路人！紅綠燈等候

雲朵

天空的色彩
多彩多姿美麗而絢爛
因為有雲朵

早上當第一道曙光射來
天空的雲
便由灰暗轉為魚肚白
隨著朝陽露出
東方白雲一片霞光燦爛

中午萬里晴空
偶而飄來一片白雲
像仙人踏雲飛行
白雲美的像雪白的棉花
純潔的讓人跌入幻想

下午天空
雲朵慢慢的轉換了顏色
由少變多
中薄變厚
由白變灰
由灰變黑
霎時雷鳴電閃大雨傾盆而下
黃昏時刻

雨過天晴
夕陽緩緩的向西方垂落
西方的天空醉了

黃昏
雲朵在霞光中
像小姑娘
美美的臉上
一片暈紅

對比

明與暗，善與惡
美與醜，愛與恨
陽與陰，男與女
圓與缺，對與錯
感官視覺上單純對比

大自然的對比
天與地
日月星辰
黑夜與白天

人性的對比
充滿著
光明與黑暗
戰爭與和平
殘忍與慈悲
寂寞與歡笑

春去秋來
萬物總是
在大自然規律中重複循環
愛恨情仇
人生總是
在希望與絕望交織中渡過

易經八卦
太極化兩儀
兩儀生四象
循環對立生生不息

愛因斯坦相對論
四維時空
橫空出世
驚天地泣鬼神

對比
在人生中是暫時
但在四維時空中
卻是永恆

緣起緣滅

緣
奇妙的很

不論時空
不問距離
似有若無
似無若有
不怕阻隔
無緣

盼望之時
如夢幻泡影
有緣
不意之間
卻如影隨形

幽幽歲月
緣起緣滅
幾經沉淪
幾經崛起
始終立風頭浪尖上
展現殺破狼的精彩與光芒

是宿命也好

是傳奇也罷
人生片段因妳而精彩
同行路途因妳而銘心

回憶
因有妳而帶來甜美
記憶
因有妳而不失蒼白

再度相遇
物喜與己悲交錯

往事如煙物我兩忘
記憶遺落在我斑白的髮絲裡

這一幕幕
緣起緣滅
悲歡離合
期望殷殷關懷深深
絲絲祝福遙祭相思

薩克斯風

神奇的薩克斯風
最年輕流行主樂器
十九世纪才誕生
法國音樂界的天才
阿道夫薩克斯
是它的生父創造者

在台灣每逢假日
各風景名勝都可見到

薩克斯風的演奏家
獨自或三五成群組成樂團
每每都是景區
最美的一道風景線

薩克斯風音色優美而綿長
中低音時
感性主調中深富磁性
音色哀傷時情意绵長
音色輕快時浪漫優雅
但高音時
音色却雄渾激越
澎湃洶湧振奮人心

薩克斯風音域深具特色
結構特性同時具備
木管細膩和靈活
銅管大音量和爆發力
由於音域寬廣
獨特的銅管和木管間的演奏技巧
古典而極富個人魅力

法國知名作曲家白遼士
時而莊嚴平靜
時而夢幻憂傷
時而如林間微風般
難以察覺
時而卻如鐘鳴過後

留於謎樣般的撼動
是薩克斯風最高評價

羅空靈動

一望無際羅剎海的天空
萬里無雲
馬戶又鳥霸佔了整個海面
彷彿一片死海

今日
羅剎海的天空
大地一聲雷
雷聲震天

天雷勾動地火
剎那間
便引發萬雷湧動
掀起濤天巨浪
拍打著馬戶又鳥的海面

怒浪濤天
五洋齊動
天空中所有的烏雲
紛紛來此朝聖
萬方矚目

網路流量细數
短短一週衝破六十億

二週便衝破世界紀錄
快速接近二百億的點閱量
轟動武林
驚動萬教
各國網路均被霸頻

羅剎海市
網友的創意
篇篇令人叫絕
嬉笑怒罵
極盡嘲諷之能事有之
正經八百引經據典有之
提升精神層次有之
各人各國對號入座有之

人人一把號
各吹各的調
而且均是個中好手
精彩絕倫

各類戲曲
各類藝人相聲二人轉
各國語言樂壇
橫街霸市齊翻唱
歌聲震天
前無古人後無來者
曠古爍今

刀郎羅剎海市

上達蒼穹
下及黃泉

中國樂壇
羅空靈動
刀郎千秋萬世

羅剎海市
鋪天蓋地
餘音繚繞
恆古不絕
好一個刀郎！

輯五

鼓浪嶼的琴聲

三峽老街

時空暫停
來到大清朝

大漢溪帆影點點
從淡水出發
經大稻埕入新莊
直通三峽三角湧

南貨北送

三峽碼頭熙熙攘攘
利來利往
造就三峽老街

祖師廟三百年歷史
泉州師父建廟的工法
加上李梅樹一生的心血
將祖師廟建成台灣廟宇典範
巍巍守望三峽老街
矗立在三峽河河畔

三峽老街豐富的文化底蘊
創造了三峽
物華天寶

地靈人傑
台灣重量級國寶
李梅樹藝術大師

三峽老街
文創出新
傳奇正在上演
你來與不來
老街就在這

石室鐘聲

千年古剎
石室禪院
悲天憫人的道場
藥師佛佛光普照

玳瑁山麓霞陽萬道
大雄寶殿佛聲悠遠
伴著馬鑾灣的濤聲
萬壽鐘守候著廈門的安寧

石室禪院抗倭
與廈門同輝
遊城古寨戚繼光的足跡仍在
尖山古寨抗倭遺跡閃閃發光

鐘樓鼓樓內外山門
訴說著千年古剎的歷史
禪室講堂弘法修習
琉璃寶塔雲水祈福
萬福萬壽鐘
和平鐘聲
唐宋元明清至今
千年傳響
庇佑九龍江畔萬千子民

石室禪院

夜半鐘聲到客船

安平追想曲

十九世紀的西風
從大西洋吹來
天津條約的雨
一直下個不停
落在福爾摩沙
落在府城的安平港
落在東方女人的心上

夕陽西下

安平港外的金波
閃耀著金色的淚光
淚光
映照在金髮母女的身上
訴說著異國戀人的期盼
時而幽怨
時而凝望
無盡的相思
寫在臉上

許石的曲調
陳達儒的歌詞
鄧麗君的歌聲
一對東方母女

一座老城台南
一處通商口岸安平港

兩艘西方商船
兩位西方負心漢
兩處大洋
兩段屈辱的歷史
造就了台灣最悲慘
讓人最心傷的情歌

成都寬窄巷子

天府之城的成都
是紳士型的都市
天下無雙絕無僅有
一個去過就不想離開的城市
充滿慵懶的節奏而不失幹練

步行街寬窄巷子
到處散發著古色古香
古老卻富含創意的街景

有衆裡尋它千百度
那人却在燈火闌珊處之感

寬巷子
川菜館誘人流口水
窄巷子
老成都的麻辣燙讓舌尖留香
井巷子
清朝的四合院群是抹不掉的記憶

三條巷子構成
濃濃文化的平行時空
北方的胡同
在南方城市的孤本建築

寬巷子體現的是閑字訣
緊扣著旅遊休閒
特色客棧休閒茶館民俗餐飲
小酒館裡
三兩個知己
一桌川菜
再拿瓶五糧液
喝個天南地北
不知羨煞多少人

窄巷子是慢字訣
悠閒的享受
是緩慢節奏的真諦
一攤一攤的手工藝品

所有特色物品
都在這條巷子找得到
吹糖手工捏面人
小孩子最愛
蜀繡蜀錦手工編織包
愛美女孩的天堂

井巷子主要體現的是新
在古色古香的巷子里
一抹跳躍的現代感
讓人耳目一新

年輕人喜愛的 PUB 夜店
各國風味的甜品店

古老巷弄提供婚禮現場
一扇歲月的木門
訴說著碧瓦青牆間
捆綁著西式的浪漫
花團錦簇的玫瑰
伴著優雅的琴聲
復古中不失現代韻味

成都人文風土秀麗多變
自古中國五大商業城
豐富多變的非物質文化
寬窄巷子
酒茶川劇變臉麻將吃等
各種文化無一不精

寬窄巷子
四川人生活文化的殿堂

江南就等你來當新郎

聽說江南要結婚
江南披上了白紗要出嫁

樹為紅娘
岩扮花童
風來化妝
雲來梳頭
山來見證

天光當伴郎
雲影裝伴娘
山澗來奏樂
落紅鋪花道
彩虹做嫁裳
星星來主婚
月亮來證婚
一切均就緒
就等你來當新郎

江南
人間三月
好春遊

江南首先想到便是白居易的《憶江南》，短短的幾行詩，字淺、情真、意遠、境高、詞雅、韻悠，六要要素均具備，成為歌頌江南美景的代表作。在中國的古典文學中，唐代的詩，輝煌燦爛，獨步千古。數唐代的詩人，不管怎麼排行，總不會漏掉白居易，那麼的平易近人又扣人心弦，讓人愛不釋手，百看不厭。白居易《憶江南》：江南好，江南風景舊曾諳；日出江花紅勝火，春來江水綠如藍，能不憶江南？白居易所指的江南，主要是長江下游的江、浙一帶。江南美景盡在白居易此詩中，後世無人出其右。

我用現代詩擬人化的手法來歌頌江南，以江南要出嫁做題材，讓人有無限想像空間，要娶江南為妻，意即去江南旅遊，而江南的三月正是鶯飛草長百花爭艷的季節，最適宜旅遊。看了此詩你心動否？

舌尖上的長安

再度回到
西安回民一條街
享受著
長安千年不變的風味

夢中難忘的滋味
香甜鮮嫩的感覺
由舌尖穿透到腦部
剎那間那種感覺

仿佛穿越時空
回到貞觀盛世的大唐
人聲鼎沸的美食天堂

三十年前初到長安
明城牆雄偉壯觀
鐘鼓樓前車水馬龍
回民巷
叫賣聲不斷小吃雲集
十三朝
古都的美食形形色色

味蕾貪得無厭
彷彿得了飢渴症

四處吸引人
流連張望與品嚐

現代的西安
大唐的長安
一樣的月光
一樣的城牆
一樣的鐘鼓樓
一樣的回民巷
一樣的人潮
一樣的叫賣
一樣的形形色色
均一如既往的見證
街頭碳烤紅柳羊肉串

一樣香甜鮮嫩

長安
千年不變的滋味
多麼誘人
長安我來了

長安做為中國十三朝古都，美食文化底蘊非常豐富與多彩，中原華夏文化的美食與西域各國文化的美食在此交會，各種美食小吃形形色色種類繁多，有新疆特色的，有內地特色的，有在地特色的，但大體上分為回民與非回民兩大類美食為主。美食種類又可粗分素食與肉食，烹調又可細分大菜與小吃，豪華酒店與街頭小吃並立，各有擅場。因長安回民一條街歷史悠久，具體年代可追朔至秦漢時期，現代的西安是在明太祖朱元璋時重修。

長安城牆與長城並稱明代經略大西北兩大的戰略國防要地。是故長安得以發展，吸引中西商旅在此交會，古絲綢之路的起點長安，明清時期再度發光發熱，因而回漢雜居人來人往，尤以鐘鼓樓附近的回民巷最著名，人潮洶湧遊人如織，十方人士引來十方美食，千年不變，飲食多彩而各異，回民不食豬肉，以牛羊肉為主，光是以羊肉為主的美食如平常主食如羊肉泡饃、大菜如烤全羊、小吃如烤羊肉串⋯⋯等多得數不勝數，均鮮甜鮮嫩美味可口，叫人垂涎三尺，流連忘返。

我初到長安也就是西安，大概在一九九〇年代，除景點文物外，最讓我難忘的便是回民巷的小吃，回民一條街，在明城牆與鐘鼓樓旁，吵雜的叫賣聲，吸引我向者形形色色美食攤走去，尤其是用紅柳枝的羊肉串最吸引人。我再度回到西安，食指大動，舌尖上的滋味，首先想到便是回民一條街，回味那香甜鮮脆的碳烤紅柳羊肉串。我寫長安千年不變的滋味，滋味便在回民一條街上，形形色色足夠讓大家來回品嚐。

恆山行

松花釀酒
龍泉煮茶
版畫式斷層山
夕陽金輝
絕壁綠帶交相輝映

懸空寺高掛
中國世界級的奇險建築名片
永安禪寺

儒釋道人間天堂
壁畫精彩不輸敦煌莫高窟

人天北柱
絕塞名山
恆山主峰天峰嶺
唐代詩人賈島驚嘆
岩巒疊萬重
詭怪浩難測

九天玄女
鳥頭人身天降為商
金碧輝煌宮殿成群
國家自然和文化遺產

猶如百里長廊畫卷
北宋畫家郭熙恆山如行
盡得精髓
渾源州署
春夏聽微風細雨
秋冬賞白雪飛花

尋夢千年的驛館
恆山讓人夢回明清
恆山行
終生難忘

春風從你來

二月的春風
從你的心來
溫暖的是大地
甦醒的是花草

三月的春風
從你的眼來
綺麗的是青山
旖旎的是綠水

四月的春風
從你的口來
悅耳的是歌聲
歡樂的是笑聲

二月的春風
從你的鼻來
濃濃的是花香
淡淡的是草香

三月的春風
從你的夢來
甜美的是愛情
甘醇的是友情

四月的春風
從你的舞來
動感的是活力
文靜的是媚力

五月的春風
從你的髮來
細細的是相思
長長的是懷念

每年春景宜人，百花盛開，青山綠水，美不勝收。清明時節，遊人尋春，桃花、李花、櫻花、杏花、杜鵑花、槴子花，百花爭艷，各勝擅場，花香草香，濃的淡的，群蝶飛舞其間。杜甫在盧山草堂，留下人間四月芳扉盡，山寺桃花始盛開，說的是農曆人間四月的春末盛況，但此詩採用陽曆。

我愛騎單車尋幽探勝，穿梭花間東看看，西聞聞，或濃或淡，消遙自在，年年如此。春風從你來，是我感受遊人尋春，青春男女熱情活力，景點的草皮上三五成群熱情奔放。那份笑聲歌聲的感染力，振動我的心弦，此詩方能寫成。春風從人來，從人的心眼口鼻來，從人的夢裡來，從人的舞蹈來，從人被吹散的髮絲來，人間四月天，春風是從你的笑臉來的。

海滄湖的月光

秋分了
海滄湖中秋的月
分外的明

月光裡
滿滿的相思
是我濃濃的鄉愁
遙想先祖當年

離家的月光仍在
飄盪在海滄的湖上

月光中
海滄世德堂
親人的淚水
流滿了海滄的湖

那年的中秋
月正圓
乘著月光
飄洋過海來到了台灣

三百年了

天上的月
仍照亮著海上
却多了一份思念

那份思念
由淡轉濃
濃到化不開
成了鄉愁
飄散在兩岸悲鳴

馬祖醉了

醉了東風
醉了老酒
醉了陳高
醉了淡菜
醉了蝦猴
醉了繼光餅
醉了海鮮美食
醉了東引灯塔
醉了東莒步道

醉了北竿民宿
醉了馬祖酒廠
醉了八八坑道
醉了馬祖鎖鑰
醉了枕戈待旦
醉了大漢據點
醉了福山照壁
醉了東海夜色
醉了明月星光
醉了海天一色
醉了馬祖
醉了你我
醉了藍眼淚

登滕王閣

就在贛江河畔
夕陽伴著西山南浦在微笑

那個世紀
你一身勁裝腰配寶劍佇立船頭
被江風吹得嘎嘎作響
是最俊美的畫面
你那炯炯的眼神

注視著江岸的高閣
向世人宣告
滕王閣我來了

高閣上
洪都的名人皆已到齊
閻督公
已備好了酒宴
你舉起酒杯一飲而盡

微醺中
南昌舊都
洪都新府
你一路揮灑

在眾人的驚呼中
落霞與孤鶩齊飛
秋水共長天一色

橫空出世
滿座的他鄉之客
關山難越的失路之人
期待又渴望的掌聲響起

你天縱英才
舉世無雙
卻報國無門
滿懷無奈與狷狂
一腔的痛苦

落霞孤鶩如昔
秋水長天依舊

你捧紅的滕王閣
穿過高山
越過大海
跨過了十四個世紀的星空
向我呼喚

相遇不是偶然
我是因你呼喚而來
你是主角不是配角
我不為你叫屈
也不為你抱不平

你那雄偉壯闊的滕王閣序
是世人最驕傲最永恆的獨白

滕王閣自古以來都是騷人墨客、集文人雅士作文記事。上元二年（六七五年）九月九日王勃探親路過南昌，正值洪州都督（洪州牧）閻公重修滕王閣畢，於閣上大宴賓客，餞別新任新州刺史宇文氏一行；閻席上假意邀請在座賓客為滕王閣寫作序文，不料王勃竟提筆大作，流下名留千古之滕王閣序。

齊飛的是「落霞」和「孤鶩」，正如一色的是「秋水」和「長天」，孤鶩與落霞「齊」飛，這正是王勃用「齊」襯「孤」的意境。此詩中，作者也引用這個典故。該詩表露出十分含蓄動人之意境，展現出平淡而恬靜之美。

廈門的濤聲

白鷺之島
鳳凰花開
紅白身影交錯
閃亮天際

北眺泉州
南接漳州
與金門縣隔海對望

廈門島

鼓浪嶼
藍天白雲濤聲
終日與海共舞

北集美和杏林兩半島
西岸海滄
東岸翔安

美麗的海灣城市
大嶝島
小嶝島
金同不分家

九龍江

月港的故鄉
是中國著名僑鄉
城在海上
海在城中
廈門的美譽在外

鼓浪嶼的琴聲悠揚
萬石山風景秀麗
環島大道碧海藍天
風景這邊獨美

集美學村陳嘉庚
海外賢達
杏林春曉

一代完人
南普陀寺
觀音道場
佛光普照
人聲鼎沸

廈門大學
育孕英才
台灣研究院
聲名遠播
功在兩岸
廈門的濤聲
真善美
千里迴響

運河之春

提起運河
每個國家
條條古老而家喻戶曉

蘇伊士運河
溝通兩海
巴拿馬運河
溝通兩洋
在運河界

最富盛名影響力最大

在中國最有名的運河
便是京杭大運河
從隋陽帝開河
隋唐宋元明清至今
一千多年
一直擔任著中國經濟大動脈
國家神器的美名
早深入人心

在漕運時代
江南江北
華南華北

背靠背肩並肩
中華大地
靠一條大運河統一至今

北京通州
京杭大運河上的樞紐
古時南來北往的京師漕運重地
現北京市府遷入
迎來新生
整條大運河生氣蓬勃
百廢俱興
運河之春
便是運河重生

使京杭大運河
古老而富有生意
京杭大運河重生
是通州的財氣
是北京的福氣
是中國的生氣
千年後仍一如既往
利在千秋萬世

鼓浪嶼的琴聲

靜夜之弦
幽幽響起
悠揚的琴聲
迴盪在海上
深邃靜謐

天光下
瀲瀲的波光
映射在日光岩上

伴著動人琴音
讓人遐思
進入幻境

說不出的感覺
無限的舒坦悅耳
深邃引人凝思
靜謐給人神秘
舒坦使人心平
悅耳讓人氣和
琴音如夢如幻
讓人想入非非
鋼琴家
鼓浪嶼的演出

浪漫優雅
如今鼓浪嶼的琴聲
已遠去
我守候在皓月園中
靜靜等待你的歸來

漳州古城

大唐風華
現代風姿
一千三百年
老城再現昔日光輝
濃濃的半老徐娘
現代感却是到處都在

漳州古城
海濱鄒魯市中心

老街情
慢生活
閩南味
最佳寫照

騎樓小吃歌仔戲布袋戲
非物質文化遺產到處都在
小洋樓是番仔樓
僑民所建
搭配閩南民居
再來條香港路南市街
生活用品五花八門
繁華街景
道盡民國風

文廟武廟東西橋亭
德配天地
道冠古今

非物質文化遺產
中華文化薈萃之地
木偶頭雕刻
布袋木偶戲
木版年畫
傳統製鼓技藝
八寶印泥
傳統曲藝薌劇（歌仔戲）
錦歌
燈謎

廟會
豐富的閩南文化
獨具特色

城內文物古蹟眾多
文廟大成殿
明代石牌坊
林氏宗祠（比干廟）
國家級重點文物保護單位

空中廟宇伽藍廟
楊騷故居
徐氏家廟
小姐樓

番仔樓（小洋樓）
教堂和僑村
古街特色建築完整地保存
騎樓式店面
中西合璧式建築
閩南風格民居
漳州古城建築的三大特色

漳州古城
風華絕代獨領風騷

鄱陽湖

石鐘山頂
幽幽湖口
看長江遠去
碧波萬頃

江風徐徐
湖天水闊
飛鳥遨翔
傲視空天獨自由

想三國
孔明周瑜赤壁
借風點將
曹操兵敗

憶元末
朱陳逐鹿時
巨艦爭流
萬艨齊發
氣吞萬里
何等威猛雄壯

讓時光倒流
風蕭蕭

天昏地愁
洪秀全曾國藩爭鰲頭
天朝太平能否
歲月悠悠
與君同遊
共看江天爭千秋

悵然回首
悲嘆征戰幾時休

三國赤壁之戰，元末朱元璋陳友諒逐鹿天下，太平天國與清朝，以鄱陽湖、長江為主戰場，均為歷史的転折點。在石鐘山頂，憑弔古戰場，念天地之悠悠，獨愴然淚下。由三國至今朝，若要完成大一統局面，必須越過長江，使得由古至今，長江沿岸的戰事不斷，這點與現臺灣海峽的兩岸局勢相近，兩岸若不能和平統一，勢必會走上戰爭的下場。中華文化五千年，歷史中有多少年是在戰亂，不勝唏嘘。戰爭不是人民決定，而時事所逼。

藍眼淚

四月的春幃揭開了
馬祖藍眼淚的劇場

編劇為大自然劇作家
主角是亮晶晶的夜光蟲
劇場在閩江口的馬祖
上演時間段只在夜間播出
劇目是地心張開的天眼
藍光閃閃映照浩瀚的星空

跑龍套是大海的濤聲
專門喚醒沉睡中的精靈
劇本是春回大地的眼神
淚眼楚楚的藍色夜明珠
劇景是九天灑落的星光
幻化的海岸邊夜色螢火
劇情是馬祖的北極光
十裡桃花賺人的藍眼淚

三生三世的情人
藍色故事美得讓你合不了雙目
馬祖四月的大海春幃
你來還是不來
遲了你會後悔

馬祖位於福建閩江口，每年四月至九月，夜光蟲因大量生長時，在夜幕低垂下，大海會發出藍光。馬祖列島被夜光蟲的藍光包圍，像極了藍色的眼淚，故稱藍眼淚。目前正是四月，藍眼淚大爆發，遊客包船欣賞，在夜幕下映照在海面上藍色螢光，如同北極光那樣炫麗，讓人如夢如幻，如癡如醉，怎不誘人？

懸空寺

懸空寺
絕壁上的寺廟
猶如一幅嵌入絕壁上的壁畫
神奇得令人嘆為觀止
被評為世界十大奇險建築

唐代大詩人　李白
大大的題字　壯觀
明朝大旅行家徐霞客

讚歎天下巨觀
對照著對面山峰絕壁上
禪和佛睥睨天下
挺拔俊美
神韻飄逸
盡顯絕世而獨立之美

佛和禪三個紅色大字
書道之美
和懸空寺價值等量齊觀
配合得天衣無縫

中華文化
博大精深

在懸空寺處處可見
雲邊絕岸
北魏棧道
翠屏山青山屏翠
懸空寺大寺空懸
騷人墨客
意境高遠
讓人有天地幽幽之感

蘭嶼 夢幻之旅

踏上台灣最東的國土
卅年來夢
是誰讓我夢想成真
是疫情鎖國
是精神感召
更是精心規劃

這一路
有高鐵風馳的快感

這一路
有新南橫穿越大武山的新震撼
這一路
有富崗漁港民宿晨曦出海之美
這一路
綠島之星
帶我乘風破浪
這一路
海哭的聲音在為我感動
這一路
天空的雲兒在為我流淚

這一刻
我的靈魂醉了

這一刻
我的雙眸亮了
原來夢想成真
是如此的美妙
終於踏上蘭嶼
彷佛在仙境
抬頭望去
一望無際

岸上怪石崢嶸
彷佛希臘諸神在格鬥
海上浪花雪白
猶如五月桐花在飄舞
蘭嶼很陽光

蘭嶼很靜謐
蘭嶼很碧綠
美的像童話故事
讓人窒息

真像高科技研究室
一塵不染
此刻
正走在蘭嶼環島公路上
沈醉在蘭嶼美麗的錯誤中
細細品嘗回味
我是過客
不是歸人

二〇二〇年七月我第一次登上蘭嶼，心情彷彿又回到一九八〇年那股初心感動，於是又寫〈蘭嶼　夢幻之旅〉來對照，一路走來我的赤子之心是否改變？

觀音山的清晨

清晨
順著淡水河河谷
清風
輕輕的吻在臉上
很是清爽

今早
對面的大屯山
傳來朝陽的訊息

今天會風和日麗
我身上的花花草草
早已洗去露珠
打扮得花姿招展
準備迎接第一縷曙光

山上的鳥更雀躍
早就三五成群在高歌
有鶯聲，有燕語
有高吭，有低吟
在枝頭跳上跳下
啁啾不停
順著河道
我一眼便瞧見

河面水氣飛騰
氤氤氳氳
有飛船在穿梭
詩情畫意

山下沿河兩岸的公路上
更是車水馬龍
滿滿上班的人潮
對面捷運
更是一列列飛馳而過
一片欣欣向榮

淡水河
美麗的金腰帶

碧綠翠藍
金碧輝煌
觀音山
秋水伊人
守護雙北
楚楚動人

輯六

我思故我在

嫦娥奔月

夕陽西垂
夜幕緩緩落下
晚風迎懷袖
眺望點點歸帆

清風送爽
伴著幾許明月光
中秋時節
遠處野外

傳來炮竹聲
勾起古今大才子
無限鄉思

露從今夜白
月是故鄉明
李白潭中撈月
東坡舉杯邀月
對影成三人

試問明月
明年何處看
今夜明月光
令人抬頭低頭

均思故鄉
與君共看明月
我心垂淚
這一夜鄉心
南北相同
也許我該問問
廣寒宮內的嫦娥
是否
感覺有不勝寒的寂寞

今夜明月光
誰來伴嫦娥
君說了算
嫦娥可同意由君伴

舉杯菊花酒
菊花明月
邀嫦娥來作伴

奉勸嫦娥勤打扮
天上人間
至少吳剛玉兔看
雲河畔
想想牛郎織女
鵲橋相對看

嫦娥妳莫埋怨
不老不死已成仙
當日偷丹淚已乾

寂寞孤獨
奔月汝自甘
把酒喝乾
明月圓時來
不再花容消瘦累不堪

莫再回首
俯視人間
往前看
今生今世
明月長相伴
菊花香
月餅甜
明月圓又圓

嫦娥今夜
我與妳千里共嬋娟

（一九七七，中警文青）

千言萬語

再見是你
不願說的話語
夏蟬哀啼
是你不願提的話題
別離
最好一輩子不要提及

你有枝生花妙筆
也有些事不想提及

你一生所解不開的題
不是三言兩語
凡事不關己
卻千言萬語

狂波會生出巨浪
微波會生出漣漪
儘管你握有的
是枝生花的妙筆
也描不出你五味心底

說再見容易
卻是你不願說的別語
星夜別離

你會用手指著
那是我們曾到過的小溪

（一九七八，中警文青）

戀曲一九七八

在那作夢的季節裡
芳草萋萋

妳若盛放
蜂蝶不請自來
我若精彩
天自安排

我心如月

寄語浮雲
浮雲却蒼狗
寄給天涯
天涯卻如風

情人啊！情人
我聽見
秋風偷偷的吹進
楓林裡的聲音
悽悽冷冷清清
那是淒絕美絕的旋律
餘音令人彈琴復長嘯
臨去猶懷

我們的戀跡
像在午後的山嵐
在雷鳴閃電過後
雲蒸霞蔚
那時妳躲在
我為妳撐的雨傘中
雨中的妳
多令人回憶

清風徐徐
跟著我倆
走過天空的虹橋
倒影晰晰
多令人舒爽愜意

驚蟄春雷響過
我倆早已醒來
晨曦伴著白雲
一大清早
就跟著我倆在散步

（一九七八，中警文青）

燈塔

不知何時開始
你是我枯黃眼裡
日日燃燒的春天
我踩斷季節裡的漫長
逐漸把深秋走成一道狹路
我願當岸上閃閃翹首的燈塔
為你迷航的人生指路
而你那端響起的跫音
便是明證

一支歌
傳說是拿坡里的民謠
讓人的心刺痛傷感
就如同被刺哽在喉嚨
那樣難受
世界彷佛是雲朵
將陽光扭成折射的線條
從錢塘江觀潮的天空
跌了下來欲言又止

我知道
陽光想說些什麼
陽光想為你祝福
祝你一路順暢平安

你說有淡淡的哀愁
是流浪的吉普賽人
一把吉他到處流浪
而耶路撒冷和麥加
都不是你朝聖的方向

你看著楓葉飄落
聽著秋風的冷冷風響
秋天的雨
是相思的
尾隨的鴻雁
一群接著一群
而楓橋雨絲
也一路飄過一路而去

再見康橋
徐志摩在揮手
却揮不去時光交錯
昔日的昔日不斷路過
雨落湖上
漣漪不斷星散交集
交集又星散

高腳的酒杯
盛著滿滿的烈酒
一飲而下
是澀辣中帶著痛快
飲下澀澀的苦烈
那個常去的老店

而今只留下老歌夕陽
却不見老友
一杯殘酒
一幅詩卷
獨自在喃喃的月光中
憑弔夜色

我是打烊後
寫詩的青青子衿
徹夜不眠
又見秋風鴻雁
北國的城雪
又要再度降臨
重重疊疊愁絲覆蓋

若你踏雪歸來
一如三年前
我會備酒煮茶的相迎
共譜寒喧切切
訴訴離別衷情
陽明山的雲散了
台北夜景撩人
或將振振衣袖
或將向晚霞
或細數星光
這一頁頁
屬於你我過去的輝煌
屬於層層的往事

（一九七八，中警文青）

心心相印

那是一段刻骨銘心
你我相聚的日子

雖然
我假裝瀟灑的走了
然而
我還是活在
妳的倩影裡
悄悄的相思

雲淡風輕
在平凡的日子裡
有柔柔月光的晚上
多少次妳的倩影
又鑽進我的心底
悄無聲息

我沐浴著清風
我凝視著浮雲
清風
為我帶來往日的惆悵
浮雲
為我喚起陣陣的相思

本來在白天
我自由自在
已習慣没有妳的日子
但實際上
在暗黑的靜夜裡
螢火
又輕輕的提著燈籠
忽閃忽亮來誘惑

一寸寸
一縷縷
又勾起我的回憶

那季
螢火在燈塔裡
射出的光芒
照亮
我在茫茫大海
不致迷失方向

月夜
浪花和大地
在卿卿的私語
是最悅耳的樂聲

天穹
星星和漁火

在浪漫的呼應
是最動人的美光

聽
原野的歌手
蟋蟀為妳唧唧的輕唱
看
天穹的樂隊
海濤為你盛大的演奏

青春年華
夢幻歲月
在海天處
我們相依偎

在春的季節
我們在草毯上相擁
妳吐著芬芳
愛在我的心裡
深深的生長
無邊無際

（一九七八，中警文青）

曲終人散

曲終
殘笛的尾音
總是拉得特別長
不要傷感
不必流淚

曲終
畢竟是條無選擇的路
向知音同好揮揮手致意

說聲謝謝
向支持我的人鞠個躬
說聲再見晚安

向今日美聲道別
追求明日更加悅耳
是止於至善
沒有最美
只有更美

不要為離別而心傷
曲終人散
離別天註定是既定程序
早已安排好的節目表

相聚在此
只是偶然
只是巧合
我們互道聲珍重再見
盼望下次笑容重現

（一九七八，中警文青）

我思故我在

無止的音符再度響起
漫漫的長夜
升起孤寂的喜悅

我緩緩的滑落
拾起舊日的尼采
在晨曦中舞劍
晨曦中銳利的劍
斬斷了長夜連綿的思潮

不知是誰
是笛卡兒或是尼采
灑下這季裡
重重疊疊看不到的網
無盡的思緒籠罩著我

我思故我在
在氾濫的思潮裡
我是這思季裡
迷失的學子
隨時在幻想

我迷惑
我幻想

我是夢幻湖上的影子
斑斕的色彩
水天一色
彷佛身處九重天
玉皇大帝的國度
虛無飄渺
夢幻湖水清清
洗去我滿臉的塵埃
露出風霜滿面
我駐足
我凝視
回首見到過去的我
是那麼的青澀

雖然水清可見底
但却是一面鏡子
在鏡中我看到自我
卻不是自我
是模糊曲折的我
世上的一切切
一件件均不由我
我還是我

迷惑中的我
時常打從天上虹橋走過
但是橋下的人世間
是汚濁的黃河
已不見淨土

我發出了嘆息
輕輕的說了聲「罷了」
於是我飄飄衣袖
再度走下天空的虹橋
不留下任何一片雲彩
回到故我

（一九七八，中警文青）

買醉

好不容易才捕捉到
那一丁點的感覺
那能輕易給溜掉
不管是痛苦
還是歡樂
今夜我最大
天井深似的傷口
須要療傷止痛

而長巷裡那間小酒吧
今夜門庭若市
擠滿了人潮
看來很多人也和我一樣

不知從何時開始
你那扇門
總是深扉緊鎖
可否打開
你深鎖的大門
總讓人摸不透

酒吧內
燈光忽明忽暗

迪斯可震耳欲聾
但最後均是狼狽逃離
只是多沾了一身塵囂
而更加孤寂

今夜下雨了
我撐著一把傘
在雨中
數不清的淚水滴落
我望著離去的人兒
紅紅綠綠
盡是青春
買醉的人兒

請告訴我
昨夜過後
你是否依然帶著微笑
將昨夜煩惱拋在腦後
還來一頭清醒

（一九七八，中警文青）

送別

驪歌高唱
六月蟬鳴
鳳凰花開

大崗山谷裡
那群白鷺鷥飛了
你是其中的一隻
北國的春天早逝
南國已是盛夏

我是江中送李白的汪淪
眼巴巴看你離去
心中多麼不捨與悵然

白居易潯陽江頭夜送客
無聲勝有聲
充滿孤獨的淒涼

故人別去
王維渭水送故人
勸君更盡一杯酒

今日大崗
朝雨沐清晨

短笛吹響陽關三疊

我縱有千般不捨
手中的寸筆
也寫不盡
匆匆離情
遠行的你
何時再回

山村的風
會為你的歸來奏出校歌
山村的霧
會為你重鋪上潔白的地毯
山村的雨

會再高興得流下眼淚
旅人
你會再回到
有風有霧有雨的大崗
和我們一起細數
山谷內的落霞孤鶩
和我們共看
山谷外的秋水長天

（一九七九，中警文青）

將軍夢

在這仲夏的季節
悄悄的我歸來
向即將落下的夕陽懺悔
懺悔此生的諾言
將一簍筐的往外拋
無法兌現

滿腔的熱血
無處向人细訴

理想像昨夜的霧
已凝結成草上的露珠
在晨曦初上時
便已被蒸散

煙消雲散
走在山谷的小徑裡
無限的孤寂
不知哪裡傳來
淒涼的笛聲
加深我的落寞

在清冷的山谷
揚起的不是悲涼笛聲

而是感傷將軍令

我傾耳聆聽
似朱西甯在吶喊
十位叱咤風雲的將軍令
將軍老了
再也無法上沙場
金戈鐵馬
氣吞萬里如虎
將跌落在歷史的塵埃中
埋了
再也無人知曉
不復當年

將軍老矣
已不似當年
歲月悠悠
再回首已千年

午夜夢回
千年揚起的將軍令
廉頗老矣
有誰像我
尚在編織將軍夢

（一九八〇，中警文青）

祭李賀

穿越千年
焚一柱清香
祭告詩鬼李賀
七月的長安莫去
你從鄠都騎馬出遊
真是天妒英才
你有王勃年輕

你有王勃文采
你的詩名與詩仙並列

鬼與仙均是天上人間
陰曹地府的主角
你風采宛如天人
閻王收你當乘龍快婿
自有其因果

我打開窗扉遙望
想見見你的身影
在這屬於詩的季節
屬於你的季節
我們來品酒論詩

我釃酒臨空橫槊賦詩
喃喃喚你
嗚呼哀哉
詩鬼你若過此地
請喝下這杯酒
當不忘我
千年八拜之交

大崗秋風起兮
煙雨濛濛
風景這邊獨好
正可讓你吟風弄月
你若到台灣

大崗之遊是最佳去處
若你有意
歡迎來中警閣樓
二一三室小住幾日

中元節已過
你遊山玩水的日子
已剩無幾
且莫匆匆而去
台灣是寶島
美麗的福爾摩沙
我帶你到處走走
包你玩得盡興
今夜長安寒冷風涼

莫去長安
來中警大崗
我帶你到小店裡買醉

我們叫些酒菜
痛飲幾杯
你把成名的詩句吟起
我把洞簫吹起
跨越時空彼此唱和

今夜
酆都城門將關
你得離去
且莫悲傷

且莫哭泣

天上人間人鬼殊途
此去無期
奈何橋下
莫可奈何

嗚呼李賀
我跨時空而來
從現代回到大唐
千年馬奔無聲
千年蹄落無痕
你無聲的馬蹄
印在唐詩三百首裡

酆都國度
夢裡尋他千百度
詩鬼李賀
總是在燈火闌珊處

（一九八〇，中警文青）

遠景文學叢書 134

佛茶禪香：謝明輝詩集

作　　者　謝明輝

發 行 人　葉麗晴
副總編輯　廖淑華
編輯主任　柯秦安
執行編輯　吳建衛
美術設計　王英姝
校　　對　謝明輝　蔡玉盞

創 辦 人　沈登恩
出　　版　遠景出版事業有限公司
郵政劃撥　07652558
地　　址　新北市板橋區松柏街 65 號 5 樓
網　　址　www.vistaread.com
電　　話　02-2254-2899
傳　　真　02-2254-2136

總 經 銷　紅螞蟻圖書有限公司
電　　話　02-2795-3656

初版日期　2024 年 2 月
I S B N　978-957-39-1205-7
定　　價　新臺幣 380 元整

國家圖書館出版品預行編目 (CIP) 資料

佛茶禪香：謝明輝詩集 / 謝明輝著 . -- 新北市：遠景出版事業有限公司 , 2024.02

面；　公分 . -- (遠景文學叢書 ; 134)

ISBN 978-957-39-1205-7(平裝)

863.51　　113001378

行政院新聞局登記證局版台業字第 0105 號

VISTA
PUBLISHING

VISTA
PUBLISHING